Wir singen beim Wandern

Musikalisch bearbeitet von
Sebastian Korn
Bilder von Herbert Lentz

D1942375

Himmel und Erde müssen vergehn

Kanon zu 2 Stimmen

Worte und Weise: volkstümlich

1.
2.
Him-mel und Er - de müs-sen ver - gehn, a - ber die Mu - si - ci,
a - ber die Mu - si - ci, a - ber die Mu - si - ci blei-ben be - stehn.

Das Wandern ist des Müllers Lust

Worte: Wilhelm Müller
Weise: Karl Fr. Zöllner

1. Das Wan-dern ist des Mül - lers Lust, das Wan - dern ist des Mül - lers Lust, das
Wan - dern! Das muß ein schlech-ter Mül-ler sein, dem nie-mals fiel das
Wan-dern ein, dem nie-mals fiel das Wan-dern ein, das Wan-dern, Wan - dern,
das Wan - - - - dern, das Wan-dern, das Wan-dern, das Wan - dern.

2. Vom Wasser haben wir's gelernt,
vom Wasser haben wir's gelernt, vom Wasser.
Das hat nicht Ruh' bei Tag und Nacht,
ist stets auf Wanderschaft bedacht,
ist stets auf Wanderschaft bedacht, das Wasser.

3. Das sehn wir auch den Rädern ab,
das sehn wir auch den Rädern ab, den Rädern.
Die gar nicht gerne stille stehn
und sich am Tag nicht müde drehn,
und sich am Tag nicht müde drehn, die Räder.

4. Die Steine selbst, so schwer sie sind,
die Steine selbst, so schwer sie sind, die Steine.
Sie tanzen mit den muntern Reih'n
und wollen gar noch schneller sein,
und wollen gar noch schneller sein, die Steine.

5. O Wandern, Wandern, meine Lust,
o Wandern, Wandern, meine Lust, o Wandern!
Herr Meister und Frau Meisterin,
laßt mich in Frieden weiterziehn,
laßt mich in Frieden weiterziehn und wandern!

Heut noch sind wir hier zu Haus

Metallophon
Volksweise
Heut noch sind wir hier zu Haus, mor - gen geht's zum Tor hin - aus,
und wir müs - sen wan - dern, wan - dern, kei - ner weiß vom an - dern.

Wem Gott will rechte Gunst erweisen

Worte: Joseph von Eichendorff
Weise: Theodor Fröhlich

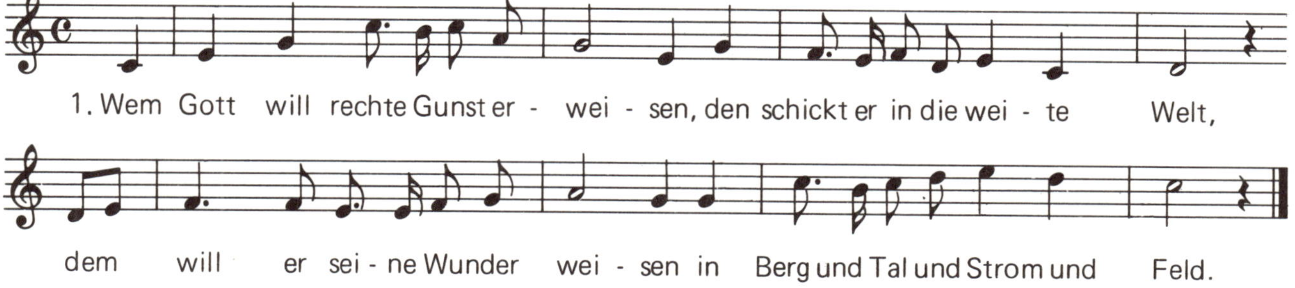
1. Wem Gott will rechte Gunst er - wei - sen, den schickt er in die wei - te Welt,
dem will er sei - ne Wunder wei - sen in Berg und Tal und Strom und Feld.

2. Die Bächlein von den Bergen springen,
die Lerchen schwirren hoch vor Lust;
was sollt' ich nicht mit ihnen singen
aus voller Kehl' und frischer Brust?

3. Den lieben Gott laß ich nur walten;
der Bächlein, Lerchen, Wald und Feld
und Erd und Himmel will erhalten,
hat auch mein Sach' aufs best' bestellt.

Es klappert die Mühle am rauschenden Bach

Worte: Ernst Anschütz
Weise: volkstümlich

Xylophon
1. Es klap-pert die Müh - le am rau-schen-den Bach, klipp klapp! Bei
Tag und bei Nacht ist der Mül - ler stets wach, klipp klapp! Er
mah - let das Korn zu dem kräf - ti - gen Brot, und ha - ben wir die - ses, so

hat's kei - ne Not. Klipp klapp, klipp klapp, klipp klapp!

2. Flink laufen die Räder und drehen den Stein,
klipp klapp!
Und mahlen den Weizen zu Mehl uns so fein,
klipp klapp!
Der Bäcker dann Zwieback und Kuchen draus bäckt,
der immer den Kindern besonders gut schmeckt.
Klipp klapp, klipp klapp, klipp klapp!

3. Wenn reichliche Körner das Ackerfeld trägt,
klipp klapp!
Die Mühle dann flink ihre Räder bewegt,
klipp klapp!
Und schenkt uns der Himmel nur immerdar Brot,
so sind wir geborgen und leiden nicht Not.
Klipp klapp, klipp klapp, klipp klapp!

Auf, auf, ihr Wandersleut

Aus Nordböhmen

1. Auf, auf, ihr Wan-ders-leut, zum Wan-dern kommt die Zeit! Tut
euch nicht lang ver - wei - len, in Got - tes Na - men rei - sen, das
Glück, das lau - fet im - mer-fort an ei - nen an - dern Ort.

2. Ihr liebsten Eltern mein,
ich will euch dankbar sein;
die ihr mir habt gegeben
von Gott ein langes Leben,
so gebet mir gleich einer Speis
den Segen auf die Reis'.

3. Der Tau vom Himmel fällt,
hell wird das Firmament.
Die Vöglein in den Höhen,
wenn sie vom Schlaf aufstehen,
so singen sie mir zu meiner Freud:
lebt wohl, ihr Wandersleut!

Nun ade, du mein lieb' Heimatland

Worte: August Disselhoff
Weise: volkstümlich

Metallophon
1. Nun a - de, du mein lieb' Hei - matland, lieb' Hei - matland a - de! Es
geht jetzt fort zum fremden Strand, lieb' Hei - matland, a - de! Und so sing' ich denn mit

frohem Mut, wie man sin - get, wenn man wan - dern tut, lieb' Hei - matland, a - de!

2. Wie du lachst mit deines Himmels Blau,
lieb' Heimatland, ade!
Wie du grüßest mich mit Feld und Au,
lieb' Heimatland, ade!
Gott weiß, zu dir steht stets mein Sinn,
doch jetzt zur Ferne zieht's mich hin,
lieb' Heimatland, ade!

3. Begleitest mich, du lieber Fluß,
lieb' Heimatland, ade!
Bist traurig, daß ich wandern muß,
lieb' Heimatland, ade!
Vom moos'gen Stein, vom wald'gen Tal,
da grüß' ich dich zum letztenmal,
lieb' Heimatland, ade!

Im schönsten Wiesengrunde

Worte: Wilhelm Ganzhorn
Weise: volkstümlich

1. Im schön - sten Wie - sen - grun - de ist mei - ner Hei - mat Haus, da

zog ich man - che Stun - de ins Tal hin - aus. Dich, mein stil - les Tal, grüß' ich

tau - send - mal! Da zog ich man - che Stun - de ins Tal hin - aus.

2. Muß aus dem Tal jetzt scheiden, wo alles Lust und Klang;
das ist mein herbstes Leiden, mein schwerster Gang.
Dich, mein stilles Tal, grüß' ich tausendmal!
Das ist mein herbstes Leiden, mein schwerster Gang.

3. Sterb' ich, in Tales Grunde will ich begraben sein;
singt mir zur letzten Stunde beim Abendschein:
Dir, o stilles Tal, Gruß zum letztenmal!
Singt mir zur letzten Stunde beim Abendschein.

Muß i denn, muß i denn zum Städtele 'naus

Glockenspiel oder Xylophon

Volkstümlich aus Schwaben

1. Muß i denn, muß i denn zum Städ - te - le 'naus, Städ - te - le 'naus, und
Wenn i komm, wenn i komm, wenn i wie - derum komm, wie - derum komm, kehr i
du, mein Schatz, bleibst hier? Kann i glei net all - weil bei dir sein, han i
ein, mein Schatz, bei dir.
doch mein' Freud an dir; wenn i komm, wenn i komm, wenn i

wie-derum komm, wie-de-rum komm, kehr i ein, mein Schatz, bei dir.

2. Wie du weinst, wie du weinst,
daß i wandere muß, wandere muß,
wie wenn d'Lieb' jetzt wär' vorbei;
sind au drauß, sind au drauß
der Mädele viel, Mädele viel,
lieber Schatz, i bleib dir treu.
Denk du net, wenn i a andere seh,
so sei mein' Lieb vorbei;
sind au drauß, sind au drauß
der Mädele viel, Mädele viel,
lieber Schatz, i bleib dir treu!

3. Übers Jahr, übers Jahr,
wenn mer Träubele schneid't, Träubele schneid't,
stell i hier mi wiederum ein;
bin i dann, bin i dann
dein Schätzele no', Schätzele no',
so soll die Hochzeit sei.
Übers Jahr, da ist mein' Zeit vorbei,
da ghör i mei und dei;
bin i dann, bin i dann
dein Schätzele no', Schätzele no',
so soll die Hochzeit sein!

Wohlan, die Zeit ist kommen

Volkstümlich

1. Wohl - an, die Zeit ist kom - men, mein Pferd, das muß ge - sat - telt sein. Ich
hab mir's vor - ge - nom - men, ge - rit - ten muß es sein. Geh'
du nur hin, ich hab' mein Teil, ich lieb' dich nur aus Nar - re - tei! Ohn'
dich kann ich schon le - ben, ohn' dich kann ich schon sein.

2. Du denkst, ich werd' dich nehmen?
Ich hab's noch nicht im Sinn;
ich muß mich deiner schämen,
wenn ich in G'sellschaft bin.
Geh' du nur hin, ich hab' mein Teil,
ich lieb' dich nur aus Narretei!
Ohn' dich kann ich schon leben,
ohn' dich kann ich schon sein!

3. Du glaubst, du bist die Schönste
wohl auf der ganzen weiten Welt,
und auch die Angenehmste,
ist aber weit gefehlt.
Geh' du nur hin, ich hab' mein Teil,
ich lieb' dich nur aus Narretei!
Ohn' dich kann ich schon leben,
ohn' dich kann ich schon sein!

Lustig ist das Zigeunerleben

Volkslied aus Niederschlesien

1. Lu - stig ist das Zi - geu - ner - le - ben, fa - ria, fa - ria -
Brauchen dem Kai - ser kein Zins zu ge - ben, fa - ria, fa - ria -
1.
2.
- ho. - ho. Lu - stig ist's im
grü - nen Wald, wo des Zi - geu - ners Auf - ent - halt.
1.–4. Fa - ria, fa - ri - a fa - ria fa - ri - a fa - ri - a.

2. Sollt uns einmal der Hunger plagen, faria, fariaho,
tun wir uns ein Hirschlein jagen, faria, fariaho,
Hirschlein, nimm dich wohl in acht,
wenn des Jägers Büchse kracht.

3. Sollt uns einmal der Durst sehr quälen, faria, fariaho,
gehn wir hin zu Waldesquellen, faria, fariaho,
trinken das Wasser wie Moselwein,
meinen, es müßte Champagner sein.

4. Wenn wir auch kein Federbett haben, faria, fariaho,
tun wir uns ein Loch ausgraben, faria, fariaho,
legen Moos und Reisig 'nein,
das soll uns ein Federbett sein.

Hejo! Spannt den Wagen an

Worte: mündlich überliefert
Weise: nach einem englischen Kanon

Kanon zu 3 Stimmen

1.
2.
3.
He - jo! Spannt den Wa-gen an, seht, der Wind treibt Re-gen ü - bers Feld!
Holt die gold - nen Gar - ben! Holt die gold - nen Gar - ben!

Hab mein Wage vollgeladen

Xylophon

Aus dem Niederländischen

1. Hab mein Wa - ge voll-ge - la - den, voll mit al - ten Weib - sen. Als wir in die Stadt nein-
kamen, hub'n sie an zu kei - fen. Drum lad ich all mein Le - be - ta - ge nie
al - te Weibsen auf mein Wage. Hü, Schimmel hü, hü, Schimmel hü!

2. Hab mein Wage vollgeladen, voll mit jungen Mädchen.
Als wir zu dem Tor neinkamen, sangen sie durchs Städtchen.
Drum lad ich all mein Lebetage
nur junge Mädchen auf mein Wage.

Laß regnen

Worte: Joh. Wolfg. v. Goethe
Weise: Martin Schlensog

Kanon zu 4 Stimmen

1.
2.
3.
4.
Laß reg-nen, wenn es reg-nen will, dem Wet-ter sei-nen Lauf! Denn
wenn es nicht mehr reg - nen will, so hört's von sel - ber auf.

Hänschen klein

Glockenspiel

Volkslied

Hänschen klein geht al - lein in die wei - te Welt hin - ein. Stock und Hut

stehn ihm gut, ist gar wohl - ge - mut. A - ber Mut - ter wei - net sehr,
hat ja nun kein Hänschen mehr. Hänschen klein geht al - lein in die Welt hin - ein.

Der Jäger längs dem Weiher ging

1. Der Jä - ger längs dem Wei - her ging. Lauf, Jä - ger lauf!
Die Däm - me - rung den Wald um - fing. 1.–8. Lauf, Jä - ger lauf, Jä - ger
lauf, lauf, lauf, mein lie - ber Jä - ger, gu - ter Jä - ger lauf, lauf, lauf, mein
lie - ber Jä - ger lauf, mein lie - ber Jä - ger lauf!

2. Was raschelt in dem Grase dort? . . .
Was flüstert leise fort und fort?

3. Was ist das für ein Untier doch? . . .
Hat Ohren wie ein Blocksberg hoch!

4. Das muß fürwahr ein Kobold sein! . . .
Hat Augen wie Karfunkelstein! . . .

5. Der Jäger furchtsam um sich schaut . . .
Jetzt will ich's wagen – o, mir graut!

6. O Jäger, laß die Büchse ruhn . . .
Das Tier könnt dir ein Leides tun!

7. Der Jäger lief zum Wald hinaus, . . .
verkroch sich flink im Jägerhaus.

8. Das Häschen spielt im Mondenschein, . . .
ihm leuchten froh die Äugelein.

Es, es, es und es

Volkslied

Metallophon
1. Es, es, es und es, es ist ein har - ter Schluß,
weil, weil, weil und weil, weil ich aus Frank-furt
muß! Drum schlag ich Frank-furt aus dem Sinn und wen - de mich, Gott
weiß wo - hin. Ich will mein Glück pro - bie - - ren, mar - - schie - ren.

2. Er, er, er und er, Herr Meister, leb er wohl!
Ich sag's ihm grad frei ins Gesicht,
seine Arbeit, die gefällt mir nicht. Ich will . . .

3. Sie, sie, sie und sie, Frau Meistrin, leb sie wohl!
Ich sag's ihr grad frei ins Gesicht,
ihr Speck und Kraut, das schmeckt mir nicht. Ich will . .

4. Sie, sie, sie und sie, Jungfer Köchin, leb sie wohl!
Hätt sie das Essen besser angricht,
so wär ich auch gewandert nicht. Ich will . . .

5. Ihr, ihr, ihr und ihr, ihr Brüder, lebet wohl!
Hab ich euch was zuleid getan,
so halt ich um Verzeihung an. Ich will . . .

Schön ist die Welt

Aus Hessen

1. Schön ist die Welt, drum Brü - der laßt uns rei - sen

wohl in die wei - te Welt, wohl in die wei - te Welt.

2. Wir sind nicht stolz, wir brauchen keine Pferde,
die uns von dannen ziehn, die uns von dannen ziehn.

3. Wir steigen froh auf Berge und auf Hügel,
wo uns die Sonne sticht, wo uns die Sonne sticht.

4. Wir laben uns an jeder Felsenquelle,
wo frisches Wasser fließt, wo frisches Wasser fließt.

5. Wir reisen fort von einer Stadt zur andern,
wohin es uns gefällt, wohin es uns gefällt.

Morgen muß ich fort von hier

Worte: aus „Des Knaben Wunderhorn"
Weise: Friedrich Silcher

1. Mor - gen muß ich fort von hier und muß Ab - schied neh - men.
O du al - ler -höch-ste Zier, Schei-den, das___ bringt Grä - men.
Da ich dich so treu ge-liebt ü - ber al - le Ma - ßen,
soll ich dich ver - las - - sen, soll ich dich ver - las - sen.

2. Wenn zwei gute Freunde sind,
die einander kennen,
Sonn' und Mond bewegen sich,
ehe sie sich trennen.
Noch viel größer ist der Schmerz,
wenn ein treuverliebtes Herz
in die Fremde ziehet.

3. Küsset dir ein Lüftelein
Wangen oder Hände,
denke, daß es Seufzer sein,
die ich zu dir sende;
tausend schick' ich täglich aus,
die da wehen um dein Haus,
weil ich dein gedenke.

Auf der schwäbsche Eisebahne

Volkslied

Xylophon
1. Auf der schwäbsche Ei - se - bah - ne gibt's gar vie - le Halt - sta - tio - ne:
Schtue - gert, Ulm und Bi - be - rach, Mek - ke - beu - re, Dur - les - bach.
Tru - la, tru - la, tru - la - la, tru - la, tru - la, tru - la - la,
Schtue - gert, Ulm und Bi - be - rach, Mek - ke - beu - re, Dur - les - bach.

2. Auf der schwäb'sche Eisebahne gibt's au viele Rest'ratione,
wo ma esse, trinke ka, alles, was der Mage ma.
Trula, trula, trulala, trula, trula, trulala,
wo ma esse, trinke ka, alles, was der Mage ma.

3. Auf der schwäb'sche Eisebahne dürfet Küh und Öchsle fahre.
Bube, Mädle, Weib und Ma, kurzum älls, was zahle ka.
Trula, trula, trulala, trula, trula, trulala,
Bube, Mädle, Weib und Ma, kurzum älls, was zahle ka.

4. Auf der schwäb'sche Eisebahne wollt emol e Bäuerle fahre,
goht an Schalter, lupft de Huet: „Oi Billettle, send so guet!"
Trula, trula, trulala, trula, trula, trulala,
goht an Schalter, lupft de Huet: „Oi Billettle, send so guet!"

5. Einen Bock hat er sich kaufet, und daß er ehm net verlaufet,
bindet ehn der guete Ma an de hintre Wage na.
Trula, trula, trulala, trula, trula, trulala,
bindet ehn der guete Ma an de hintre Wage na.

6. „Böckle, tu nuer woidle springe, 's Futter werd i dir scho bringe."
Setzt sie zu seim Weible na und brennt's Tabakspfeifle a.
Trula, trula, trulala, trula, trula, trulala,
Setzt sie zu seim Weible na und brennt's Tabakspfeifle a.

7. Wie der Bauer isch am Ziel und sei Böckle hole will,
find't er bloß noch Kopf und Seil an dem hentre Wagenteil!
Trula, trula, trulala, trula, trula, trulala,
find't er bloß noch Kopf und Seil an dem hentre Wagenteil!

8. Und der Bauer voller Zorne nemmt de Kopf bei beide Horne,
schmeißt ehn, was er schmeiße ka, dem Konduktör an Ranza na.
Trula, trula, trulala, trula, trula, trulala,
schmeißt ehn, was er schmeiße ka, dem Konduktör an Ranza na.

9. Warum bischt so gschwind gefahre! Du muscht jetzt de Schade zahle,
du alloi bischt schuld do dran, daß i jetzt kei Bock meh han!
Trula, trula, trulala, trula, trula, trulala,
du alloi bischt schuld do dran, daß i jetzt kei Bock meh han!

10. So, jetzt wär dies Liedle g'sunge. Hat euch recht end Ohre klunge,
stoßt mit eure Gläser a aufs Wohl dr schwäb'sche Eisebah!
Trula, trula, trulala, trula, trula, trulala,
stoßt mit eure Gläser a aufs Wohl dr schwäb'sche Eisebah!

Ein Jäger aus Kurpfalz

Volksweise

Metallophon
1. Ein Jä - ger aus Kur - pfalz, der rei - tet durch den grü - nen Wald, er
schießt das Wild da - her, gleich wie es ihm ge - fällt. Hal -
li, hal - lo, gar lu - stig ist die Jä - ge - rei all -

hier auf grü - ner Heid', all - hier auf grü - ner Heid'.

2. Auf, sattelt mir mein Pferd
und legt darauf mein' Mantelsack,
so reit ich hin und her
als Jäger aus Kurpfalz.

3. Jetzt reit ich nicht mehr heim,
bis daß der Kuckuck „kuckuck" schreit;
er schreit die ganze Nacht
allhier auf grüner Heid'.

Vöglein im hohen Baum

Worte: Johann Peter Hebel
Weise: Friedrich Silcher

Glockenspiel
1. Vög-lein im ho - hen Baum, klein ist's, ihr seht es kaum, singt doch so schön,

daß wohl von nah und fern al - le die Leu - te gern

hor - chen und stehn, hor - chen und stehn.

2. Blümlein im Wiesengrund
blühen so lieb und bunt,
tausend zugleich.
Wenn ihr vorübergeht,
wenn ihr die Farben seht,
freuet ihr euch, freuet ihr euch.

3. Wässerlein fließt so fort
immer von Ort zu Ort
nieder ins Tal.
Dürsten nun Mensch und Vieh,
kommen zum Bächlein sie,
trinken zumal, trinken zumal.

Wer recht in Freuden wandern will

Worte: Emanuel Geibel
Weise: volkstümlich

1. Wer recht in Freu-den wan-dern will, der geh' der Sonn ent - ge - gen; da
ist der Wald so kir - chen-still, kein Lüft - chen mag sich re - gen.
Noch sind nicht die Ler - chen wach, nur im ho - hen
Gras der Bach singt lei - se den Mor - - gen - se - - - gen.

2. Die ganze Welt ist wie ein Buch,
darin uns aufgeschrieben
in bunten Zeilen manch ein Spruch,
wie Gott uns treu geblieben.
Wald und Blumen nah und fern
und der helle Morgenstern
sind Zeugen von seinem Lieben.

3. Da zieht die Andacht wie ein Hauch
durch alle Sinne leise,
da pocht ans Herz die Liebe auch
in ihrer stillen Weise;
pocht und pocht, bis sich's erschließt
und die Lippe überfließt
von lautem, jubelndem Preise.

4. Und plötzlich läßt die Nachtigall
im Busch ihr Lied erklingen,
in Berg und Tal erwacht der Schall
und will sich aufwärts schwingen;
und der Morgenröte Schein
stimmt in lichter Glut mit ein:
Laßt uns dem Herrn lobsingen!